AF313051

BIOGRAPHIE

DU

LIEUTENANT-COLONEL

PRÉVOT,

PAR G. MANCEL,

CONSERVATEUR DE LA BIBLIOTHÈQUE DE CAEN.

— ◆ —

CAEN,

CHEZ A. HARDEL, IMPRIMEUR-LIBRAIRE,
Rue Froide, 2.

1859

BIOGRAPHIE

DU

LIEUTENANT-COLONEL PRÉVOT.

A Mr Vautier Membre
du Corps Législatif

SOUVENIR DE LA FAMILLE.

PAISANT.

BIOGRAPHIE

DU

LIEUTENANT-COLONEL

PRÉVOT,

PAR G. MANCEL,

CONSERVATEUR DE LA BIBLIOTHÈQUE DE CAEN.

CAEN,

CHEZ A. HARDEL, IMPRIMEUR-LIBRAIRE,
Rue Froide, 2.

1859.

Si l'homme le plus étranger au métier des armes, le plus éloigné par sa profession ou ses habitudes de tout ce qui rappelle la guerre et les combats, est ému, comme malgré lui, en lisant l'épopée des actions qui illustrèrent pendant vingt-cinq ans les grands généraux de la République et de l'Empire, il n'est personne non plus qui ne s'intéresse à l'histoire, plus modeste, sans doute, mais non moins noble, de leurs courageux compagnons de gloire. Il n'est personne qui ne sente battre son cœur au récit des dangers qu'affrontèrent, à leur suite, ceux-là qui partagèrent leurs travaux, qui montrèrent le même dévouement à la France, la même ardeur dans la conquête, la même constance dans les revers, et dont l'unique récompense fut un grade péniblement acquis à la pointe du sabre, une croix arrosée d'un sang prodigué sur tous les champs de bataille de l'Europe.

A ce titre, le lieutenant-colonel Prévôt, qui vient de mourir dans un âge avancé et que ses nombreux amis regrettent comme s'il eût dû vivre encore de longues années, mérite une mention particulière. Caen le revendique comme un de ses citoyens les plus honorables, car le mariage qu'il y avait contracté de bonne heure, le séjour prolongé qu'il y a fait, ses liaisons les plus intimes, avaient fait de cette ville la patrie de son choix.

Louis-Joseph Prévôt naquit le 12 février 1770, à deux lieues de Lille, dans la petite paroisse de Perenchies. Ses goûts militaires se développèrent dès l'enfance. A seize ans, il s'engagea malgré sa famille qui le racheta; à dix-huit, il se faisait incorporer définitivement, le 17 juillet 1788, dans le régiment de Montmorency-dragons devenu depuis le 2ᵉ. régiment de chasseurs à cheval.

A peine fut-il au service que les dispositions du jeune Prévôt pour l'équitation le firent remarquer de son colonel, qui l'envoya suivre les cours du célèbre professeur Jardin à l'école de Versailles (1). Sous la direction de cet habile écuyer, il fit de rapides progrès, et, lorsqu'il revint à son corps pour entrer en campagne, la réputation de cavalier accompli l'y avait précédé.

---

(1) Cette école de cavalerie a été commandée par le colonel Morris et le général Desnoyers; elle existait encore en 1801 et fut remplacée par l'école de Saumur.

Prévôt fit ses premières armes en 1792, sur les frontières d'Allemagne, dans un corps de partisans (1). Rentré au régiment en 1793, il se distingua tout d'abord par une action d'éclat. Dans un de ces petits combats où les Français, encore mal organisés, faisaient leur apprentissage et d'où ils sortaient plus souvent vaincus que vainqueurs, il sauva la vie au chef de brigade du 75ᵉ. régiment d'infanterie qui s'était imprudemment engagé dans le bois de Lauterbourg. Cet acte de dévouement, dans lequel le jeune soldat faillit perdre la vie — il reçut un coup de sabre au travers du corps, — lui valut ses premiers grades : il fut nommé brigadier au mois de mai 1793 et peu après, le 7 septembre, maréchal-des-logis.

Un an plus tard, il inaugurait ses galons par de nouveaux faits d'armes :

Le 7 brumaire an IV (29 octobre 1795), lors de la retraite des lignes de Mayence, accompagné de deux ou trois camarades, il délivrait plus de 100 volontaires français qu'un détachement de hussards autrichiens sabrait et conduisait prisonniers, et, le même jour, après avoir eu un cheval tué sous lui, il reprenait à l'ennemi un brigadier-fourrier de son régiment qui avait été contraint de se rendre.

Le 18, sur les hauteurs en avant de Kirchheim, dans

(1) Les partisans n'avaient point de solde fixe ; l'État leur payait seulement ce qu'ils avaient pris à l'ennemi : tant pour un fusil, tant pour un canon, tant pour un drapeau, etc. Plusieurs généraux de l'Empire sont sortis de ces corps ; Prévôt y avait été le camarade de lit du général Bordesoul.

une découverte que fit faire le général Saint-Cyr, Prévôt, à la tête de 10 tirailleurs, tombait rapidement sur une grand'garde de cinquante hussards et d'autant de fantassins et s'emparait de leur poste. Dans cette rencontre, il fut blessé d'une balle à la mâchoire.

Une autre balle lui traversa le bras, quelques jours après, à la reprise de la ville de Deux-Ponts où il commandait une avant-garde et où, dit le rapport de son chef d'escadron, « il se distingua par une valeur sans égale. »

Ce fut vers cette époque qu'il obtint d'être employé comme sous-officier de correspondance et bientôt comme aide de camp, bien que n'en ayant pas le titre, par le général La Roche Dubouscat, auprès duquel il reçut trois blessures, en montant un des premiers à l'assaut de la redoute de Kniebis; et ensuite par les généraux Duhesme et Vandamme qui remplacèrent celui-ci pendant la courte absence que sa santé l'obligea de faire.

Prévôt se fit encore remarquer devant Augsbourg, au passage du Lech, en s'emparant de deux canons qui défendaient l'approche du pont, et en faisant trois prisonniers. Il eut un cheval tué sous lui et fut de nouveau blessé d'une balle à la cuisse.

Cependant, la belle conduite de Prévôt l'avait fait connaître. Le général Moreau fit prendre des renseignements sur son compte. Voici les deux lettres qu'il reçut en réponse :

Le 10 thermidor an IV de la République Française.

Croutelle, chef de brigade du 2ᵉ. régiment de chasseurs à cheval,

Au général Moreau ,

Commandant en chef de l'armée de Rhin-et-Moselle.

Mon Général ,

Le citoyen Senig m'a rapporté que vous désiriez avoir de moi des renseignements sur la conduite morale et politique du citoyen Prévôt, maréchal-des-logis au corps que je commande. Je satisfais avec d'autant plus de plaisir à votre demande, que les rapports que j'ai à vous faire sur ce sous-officier ne peuvent lui être que très-avantageux.

Le citoyen Prévôt, entré au 2ᵉ. régiment de chasseurs vers le courant de l'année 1789, n'a cessé de donner depuis cette époque des preuves d'un bon républicain, d'une bravoure rare, actif, intelligent, s'étant, dans bien des occasions, distingué par ses talents militaires, joignant à ces qualités la sobriété, une belle tenue, enfin susceptible d'occuper le grade d'officier.

Je suis charmé, mon Général, que cette occasion m'ait procuré l'avantage de rendre justice à ce maréchal-des-logis.

Salut et fraternité,

CROUTELLE.

Armée de Rhin-et-Moselle. 4ᵉ. Division.

ETAT-MAJOR.

Au quartier général de Irmdenstad , le 18 messidor, l'an IVᵉ. de la République Française, une et indivisible.

Le général de brigade Laroche au général en chef de l'armée.

Vous savez, mon Général, comment s'est faite l'attaque du

fort de Kniebis et combien est appréciable la valeur des troupes que j'ai eu l'honneur de commander ; vous avez déjà récompensé celle des deux braves qui se sont emparés des drapeaux , il vous reste à récompenser celui qui a reçu trois blessures à mes côtés. C'est le citoyen Prévôt, maréchal-des-logis au 2ᵉ. régiment de chasseurs à cheval. Je vous demande pour lui la place de sous-lieutenant , il la mérite , d'ailleurs, par sa conduite et ses principes.

Pour le général Laroche ,

C. Belle, aide de camp.

Ces lettres, appuyées des recommandations chaleureuses du général Duhesme et de plusieurs autres chefs qui avaient vu notre sous-officier à l'œuvre , produisirent tout leur effet, et il fut nommé sous-lieutenant, grade dans lequel Augereau le confirma bientôt. Les termes de l'arrêté du général en chef de l'armée d'Allemagne sont trop honorables pour Prévôt pour que nous ne les reproduisions pas, bien qu'ils nous fassent revenir sur des faits déjà connus :

Au quartier général de Strasbourg , le 21 vendémiaire an VIᵉ. de la République française , une et indivisible.

Augereau , général en chef de l'armée d'Allemagne ,

D'après les renseignements avantageux qui lui ont été donnés par le général de division Duhesme , sur la bravoure, l'intelligence, le patriotisme et les actions d'éclat du citoyen Prévôt. maréchal-des-logis au 2ᵉ. régiment de chasseurs à cheval, lequel a reçu trois blessures honorables en montant le premier à l'assaut lors de l'attaque de la redoute de Kniebis, pendant la campagne de l'an IV , et au passage du Lech ; s'est emparé de deux pièces de canon qui défendaient l'approche du pont ;

Instruit que ce militaire a exercé les fonctions d'aide de camp près les généraux Laroche et Vandamme ;

Vu qu'il a été remplacé par suite de ce service ;

Nomme le susdit citoyen Prévôt sous-lieutenant à la suite dans le même régiment, 2e. des chasseurs à cheval ; il jouira provisoirement des prérogatives et appointements attachés à son grade.

Le général en chef,

AUGEREAU.

Le colonel du 2e. chasseurs, en transmettant à Prévôt copie de cet arrêté, ajoutait : « C'est votre bravoure « seule qui vous a mérité cette place. »

L'emploi d'aide de camp, dont il remplissait depuis long-temps les fonctions, lui fut aussi confirmé. Peu de temps après, il était nommé lieutenant.

Ce fut encore sur le champ de bataille que Prévôt conquit ses épaulettes de capitaine. A la suite de l'affaire de Manheim, en 1799, à laquelle il prit une part active et où il reçut une blessure (1), le général Ney en demanda lui-même le brevet pour lui au ministre de la guerre.

Cette promotion n'empêcha toutefois pas Prévôt de rester attaché à l'État-major du général Laroche. Il le suivit en France lorsqu'il fut appelé à l'armée d'observation, lorsqu'il prit le commandement des quatre départements réunis de la rive gauche du Rhin, et ensuite quand

______

(1) *Moniteur* du 5 vendémiaire an VIII : *Dépêche du général Bara-guay-d'Hilliers.*

il passa au commandement de la 14e. division militaire à Caen.

Nous avons dit, en commençant cette notice, que Prévôt avait contracté, pendant son premier séjour à Caen, des liaisons qui ne s'effacèrent jamais de sa mémoire. Un caractère affable et toujours égal, une gaîté réservée, un laisser-aller plein de retenue, qualités si appréciées à toutes les époques par les habitants de la cité normande, lui concilièrent en effet les sympathies de tous ceux avec lesquels il se rencontra. En même temps sa tenue, ses manières distinguées, sa conversation de bonne compagnie, lui ouvraient les portes de tous les salons.

Il ne faut pas croire cependant que les plaisirs de la garnison et les quelques missions dont Prévôt était parfois chargé soit sur les côtes de la Manche qu'il fallait surveiller, soit à St.-Lo où il eut un régiment à organiser, soit aux environs de Vire où il dut suivre les mouvements que pouvait tenter la Chouannerie, aient suffi à l'activité de son esprit. Nous voyons, par des fragments de correspondance que nous avons retrouvés, qu'il regrettait la vie des camps. Tantôt il désire être réintégré dans son régiment, tantôt il souhaite passer dans un des corps qu'on envoie à la frontière; dans un autre moment, il projette de s'embarquer pour St.-Domingue avec le général Leclerc; enfin il est sur le point d'accepter la proposition de Vandamme qui le demande pour aide de camp et lui promet une *belle campagne*. Mais il est toujours retenu par son affection pour son général , affection , d'ailleurs , bien partagée et dont Laroche lui donna plus d'une fois des preuves. On en peut juger par le certificat suivant que celui-ci envoya spontanément au ministre de la guerre :

Je soussigné , général de division , commandant la **14ᵉ**. division militaire ; voulant donner au citoyen Prévôt, mon aide de camp , un témoignage éclatant de mon estime et de ma satisfaction et mettre le Gouvernement dans le cas de reconnaître les services qu'il a rendus à son pays pendant toute la guerre de la Révolution et les actions d'éclat qu'il a par devers lui , atteste que, depuis sept ans que cet officier est employé près de moi, il n'a cessé de tenir une conduite honorable et distinguée ; que partout où je me suis trouvé , notamment à l'attaque du fort de *Kniebis*, où il a reçu trois coups de feu à mes côtés, aux batailles d'*Ettlingen*, d'*Elsingen*, de *Reinsheim* et de *Friberg*, ainsi qu'aux affaires d'avant-garde de l'armée du Rhin, qu'il est impossible d'énumérer, et à celle de *Manheim* , où il a reçu une nouvelle blessure, il s'est conduit avec une audace et une intrépidité qui doivent lui mériter un *sabre d'honneur* , ou du moins un rang parmi les officiers qui composeront la *Légion des braves.*

Fait au quartier général de Caen, ce 10 ventôse an XI de la République.

LAROCHE.

Comme on organisait dans le moment même la Légion-d'Honneur, ce certificat ne produisit son effet que deux ans plus tard, et Prévôt obtint une des premières décorations qui aient été données après que les 1,854 braves que la République avait récompensés par des armes d'honneur les eurent échangées contre la croix.

Prévôt ne quitta Caen qu'au mois de janvier 1808,

pour aller rejoindre à Crema, en Italie, le 7°. régiment de dragons, où il venait d'être nommé à l'emploi d'adjudant-major. Mais à peine était-il en route qu'il reçut l'ordre de passer en Portugal, où il était appelé à occuper le poste honorable, mais difficile, d'aide de camp de Junot, gouverneur de Lisbonne, à qui venait d'être conféré le titre de duc d'Abrantès. Prévôt eut, effectivement beaucoup à souffrir, dans les commencements, du caractère raide et de l'indomptable fierté de son supérieur; il lui offrit même sa démission. Peu à peu, néanmoins, grâce à la douceur de Prévôt, ses rapports avec son chef devinrent plus faciles, et il finit par concevoir pour lui un attachement si vif qu'on peut dire, sans exagération, que le dévouement de Junot pour l'Empereur n'eut d'égal que le dévouement de Prévôt pour Junot.

De son côté, le général en chef finit par lui accorder sa confiance la plus entière. On voit, dans les *Mémoires de la duchesse d'Abrantès* (1), que, chaque fois qu'il eut une mission délicate, une mission intime ou embarrassante à commettre à la fidélité de quelqu'un, ce fut Prévôt qui en fut chargé. La duchesse, en rapportant ces circonstances, lui prodigue les épithètes de « brave et loyal garçon (2),

---

(1) T. XI, p. 259, 263, 266, 268, 292 ; t. XIII, p. 291, etc.

(2) « Brave et loyal garçon, le duc l'aimait beaucoup. Je ne sais où « il est maintenant, mais là où ces Mémoires le trouveront, je veux· « qu'ils lui portent l'assurance de mon amitié, comme accordée à « l'homme vraiment attaché à Junot. » (*Mém. de la duc. d'Abr.*, t. XI, p. 259.)

« d'ami clairvoyant, de brave et excellent homme. » Son zèle était tel qu'il se rendit une fois de Lisbonne à Paris en dix jours (1). Junot le regarda bientôt comme un ami intime ; et lorsque, à la suite de l'escarmouche de Rio-Mayor, il fallut lui extraire une balle qui lui était restée dans la mâchoire, il ne voulut être assisté que par Prévôt auquel il tenait les mains pendant l'opération. « M. Prévôt, « dit la duchesse (2), les eut malades, pendant plusieurs « jours, de la terrible pression que la douleur fit faire « au duc, parce qu'il ne voulut pas crier. » Puis elle ajoute : « On sait qu'on donne souvent quelque chose à « serrer à ceux qui subissent une opération douloureuse... « et la main d'un homme dévoué était ce qui pouvait « certes le mieux convenir. »

On sait comment se terminèrent les affaires de Portugal. Étranger à la politique, Junot comprit mal sa mission dans ce royaume, s'aliéna l'esprit des populations et ne put s'y maintenir. Après la bataille de Vimeiro, qu'il perdit, il dut signer la convention de Cintra et rembarquer ses troupes. Dans cette bataille, Prévôt fit des prodiges de valeur : il eut un cheval tué sous lui, délivra, lui quatrième,

---

(1) Mme. d'Abrantès (t. XI, p. 268) dit que M. Prévôt avait fait ses six cents lieues en quinze jours à francs étriers. Lorsque ses *Mémoires* furent connus du lieutenant-colonel, il écrivit à la duchesse pour lui exprimer sa reconnaissance de son gracieux souvenir et la prier de faire une rectification sur le temps qu'il avait mis à venir de Lisbonne. Il tenait singulièrement à sa réputation d'écuyer.

(2) *Mémoires de Mme. d'Abrantès*, t. XIII, p, 291.

le général en chef entouré par un escadron anglais (1) et fut blessé d'une balle à la fin de l'action.

A peine remis de sa blessure, Prévôt rentrait en Espagne avec l'armée de Portugal, et assistait, à la fin de février 1809, à ce terrible siége de Saragosse, dont les Français ne s'emparèrent que lorsque cette ville ne fut plus qu'un monceau de ruines.

L'année suivante, il était auprès de son général à Astorga et à Salamanque. A Bussago, en Portugal, quoique blessé à l'épaule droite (2), il parvint, sous les yeux de Masséna, prince d'Essling, à rallier au pied de la montagne les tirailleurs dispersés dans un premier choc.

En 1812, Prévôt fit la campagne de Russie, avec les divisions Westphaliennes de Ochs et Damas, formant le huitième corps de la grande armée, commandé par le duc d'Abrantès. Il fut mis à l'ordre du jour pour sa brillante conduite à la bataille de la Moskowa, où un biscayen l'atteignit à la jambe et où il perdit deux chevaux en chargeant l'ennemi avec un certain nombre de soldats qui, abattus par la rigueur du froid, refusaient de marcher, et dont son énergie releva le courage.

Après la retraite de Moscou, durant laquelle il resta à l'arrière-garde, toujours auprès du maréchal Ney (3),

(1) *Mémoires de Mme. d'Abrantès*, t. XII, p. 84.

(2) *Id.*, t. XIII, p. 195.

(3) Les aides de camp du maréchal Ney ayant tous été tués ou blessés, il avait demandé le capitaine Prévôt au duc d'Abrantès.

Prévôt, revenu à Caen pour acheter des chevaux pour le service de Junot, épousa Mlle. Alexandrine du Rosel, dont la main lui avait été accordée dès 1809, mais dont il avait été toujours éloigné par suite de son existence aventureuse. En s'alliant à une famille qui jouissait, dans cette ville, d'une considération méritée, il devenait tout-à-fait Caennais.

Au moment de ce mariage, une demande fut adressée au duc de Feltre, afin que le grade de chef d'escadron fût conféré au capitaine Prévôt. Le ministre prit des renseignements auprès du duc d'Abrantès, et en reçut cette réponse :

Trieste, le 30 avril 1813.

MONSIEUR LE DUC,

J'ai reçu la lettre de V. Exc. relative à M. le capitaine Prévôt, mon aide de camp. Je verrais avec le plus grand plaisir que V. Exc. lui fît obtenir le grade de chef d'escadron, dans un régiment de cavalerie. C'est un officier pour lequel j'ai souvent sollicité ce grade dans une quantité d'occasions où il s'était distingué. Il est couvert de blessures et a fait une action, à la bataille de la Moskowa, des plus marquantes, et que j'avais citée dans mon rapport. Je remercie donc à l'avance V. Exc. de sa nomination de chef d'escadron, car je vois, par sa lettre, qu'elle est disposée à lui accorder cette faveur.

Agréez, etc.

Le duc D'ABRANTÈS.

Cette lettre équivalait à une promotion. Son résultat fut la nomination de Prévôt, comme chef d'escadron dans le 3e. régiment de chasseurs à cheval, alors en garnison à Falaise, et qui partit pour l'Allemagne au mois d'octobre. A son arrivée, ce régiment prit part à la bataille de Hanau et se dirigea sur Francfort. Prévôt eut de nouveau un cheval tué et compta une blessure de plus ; un instant, une grave responsabilité pesa sur lui : pendant une nuit entière, il dut commander toutes les troupes placées sur la rive gauche du Mein. Le reste du temps, il demeura constamment à l'avant-garde.

Le 3e. chasseurs rentra en France avec Napoléon, quand s'ouvrait la désastreuse campagne de 1814. L'escadron sous les ordres de Prévôt fut un de ceux qui se comportèrent avec le plus d'éclat aux combats de Nangis et de Montereau, livrés les 15 et 18 février. Dans la première de ces affaires, Prévôt fut frappé d'une balle dans l'aine et perdit un cheval ; dans la seconde, un coup de lance lui perça la cuisse de part en part, ce qui ne l'empêcha pas de charger l'infanterie ennemie et de faire mettre bas les armes à plus de six cents hommes. Il fut fait major (lieutenant-colonel) sur le champ de bataille.

Le grade de lieutenant-colonel semblait devoir ouvrir à Prévôt une ère nouvelle et sans doute glorieuse ; ses antécédents promettaient, du reste, un officier supérieur distingué, lorsque les événements de 1814 et de 1815 vinrent briser sa carrière. Louis XVIII, à la vérité, lui conserva d'abord sa position dans le régiment des chasseurs à cheval du Dauphin (1), il lui envoya même le brevet de chevalier de St.-Louis ; mais les Cent-Jours ayant changé les dispositions du Roi envers l'ancienne armée, il fut mis à la retraite.

Depuis cette époque, le lieutenant-colonel Prévôt fit de vains efforts pour être remis en activité de service. Il échoua toujours, malgré les recommandations les plus vives de ceux de ses anciens camarades qui, plus heureux que lui, étaient restés en faveur auprès de la cour, notamment celles du général Bordesoul. Une tentative qu'il fit en 1830 n'eut pas de meilleur résultat.

Dès-lors, le lieutenant-colonel Prévôt se résigna aux loisirs que sa famille lui présentait doux et faciles ; son temps se partagea entre elle, ses amis et les distractions que lui procuraient l'équitation (2) et l'étude du cheval, passions favorites de toute sa vie. Les jeunes officiers écoutaient ses conseils, et il n'est pas un de nos célèbres éle-

(1) Les neuf premiers régiments de bataille, les six premiers d'infanterie légère, les cinq premiers de cuirassiers, dragons et lanciers, les huit premiers de chasseurs et les sept régiments de hussards avaient reçu, en 1814, les noms du Roi, de la Reine, du Dauphin et des princes du sang.

(2) Le lieutenant-colonel Prévôt montait encore à cheval dans les dernières années de sa vie. L'*Union*, journal du Mans, du 7 octobre 1851, rapporte qu'il assista, ce même jour, sur un cheval qu'il ne connaissait pas, à la revue d'honneur qui termina l'inspection du général d'Astorg, un de ses anciens compagnons des guerres de la Péninsule, et qu'il y adressa une allocution énergique aux soldats du 7e. dragons.

veurs normands qui n'ait profité de ses avis auxquels une longue expérience prêtait un véritable caractère d'infaillibilité.

Dans ses rapports avec ses amis, le colonel Prévôt aimait, comme tous les vieux soldats, à parler des batailles et des faits d'armes auxquels il avait pris part ; mais il mettait rarement sa personnalité en évidence. Il fallait qu'on le pressât long-temps pour obtenir de lui quelque détail sur le rôle qu'il avait joué dans telle ou telle occasion , où, cependant, il s'était fait remarquer. Le hasard seul a appris à ses enfants quelques-unes des actions qui lui font le plus d'honneur. Nous pouvons citer , entr'autres , ce trait d'humanité, qui fût resté ignoré si la reconnaissance de celui qui en fut l'objet ne l'eût pas révélé.

En 1793 , Prévôt , n'étant encore que simple soldat , contraignit à se rendre le chevalier d'Auchin, qui servait dans les armées coalisées contre la France. Comme partisan, il avait droit à une forte récompense pour la capture d'un émigré, pris les armes à la main ; mais en livrant son prisonnier aux représentants du peuple, il l'envoyait à l'échafaud. Cette considération arrêta Prévôt ; il proposa au chevalier divers expédients, entr'autres , son incorporation dans un régiment français: chacune des offres fut repoussée, comme indigne d'un homme d'honneur. Alors, le jeune soldat, ne voulant pas avoir sur la conscience la mort d'un ennemi vaincu, prit le parti de le reconduire jusqu'aux avant-postes autrichiens et se contenta de lui faire jurer qu'il ne porterait plus les armes contre la France.

C'est M. d'Auchin lui-même qui raconta cette anecdote au gendre de M. Prévôt, en se servant des expressions de la plus profonde gratitude. Le lieutenant-colonel n'en avait jamais rien dit.

Le colonel Prévôt garda, jusqu'à ses derniers moments, le même caractère affable et prévenant; jamais il ne refusa un service qu'il pouvait rendre ; ses concitoyens, sans exception, l'estimaient et l'aimaient.

Il conserva son énergie et sa force morale jusqu'à la fin. Cependant son corps, criblé de blessures, s'affaiblissait peu à peu, et il s'éteignit le 20 novembre 1858, dans les bras de sa fille, comme Fontenelle, « sans maladie, « sans douleur, par la seule nécessité de mourir. »

La foule voulut suivre jusqu'à sa dernière demeure le vieux militaire qui avait si vaillamment servi son pays. Un détachement de 50 hommes, commandé par un capitaine, un lieutenant et un sous-lieutenant, entourait le cercueil, recouvert de l'épée, des épaulettes et des décorations du colonel. Le député de l'arrondissement, deux colonels en retraite et un chirurgien-major , tenaient les coins du poêle. La Compagnie de Sapeurs-Pompiers de la ville suivait immédiatement, sans armes, derrière la troupe (1).

(1) Le lieutenant-colonel Prévôt appréciait le courageux dévouement des Pompiers; il les regardait comme les plus utiles de tous les corps armés et leur portait un intérêt véritable. Lors de la fondation de la

On remarquait enfin, dans ce nombreux et imposant cortége, tous les anciens officiers en retraite, le général Chatry de Lafosse, avec son officier d'ordonnance, le colonel du 13e. de Ligne et plusieurs des officiers de la garnison, qui s'étaient empressés de venir rendre les derniers devoirs à un brave qui avait tant de fois versé son sang pour la patrie.

Société de secours mutuels des Sapeurs-Pompiers de Caen, il voulut être porté le premier sur la liste des membres souscripteurs honoraires.